Impressum
Verlag: BABADADA GmbH, Nedderfeld 112 , 22529 Hamburg
Geschäftsführer / Verlagsleitung: Harald Hof
Druck: Books on Demand GmbH, In de Tarpen 42, 22848 Norderstedt

Imprint
Publisher: BABADADA GmbH, Nedderfeld 112 , 22529 Hamburg, Germany
Managing Director / Publishing direction: Harald Hof
Print: Books on Demand GmbH, In de Tarpen 42, 22848 Norderstedt, Germany

# school

# школа

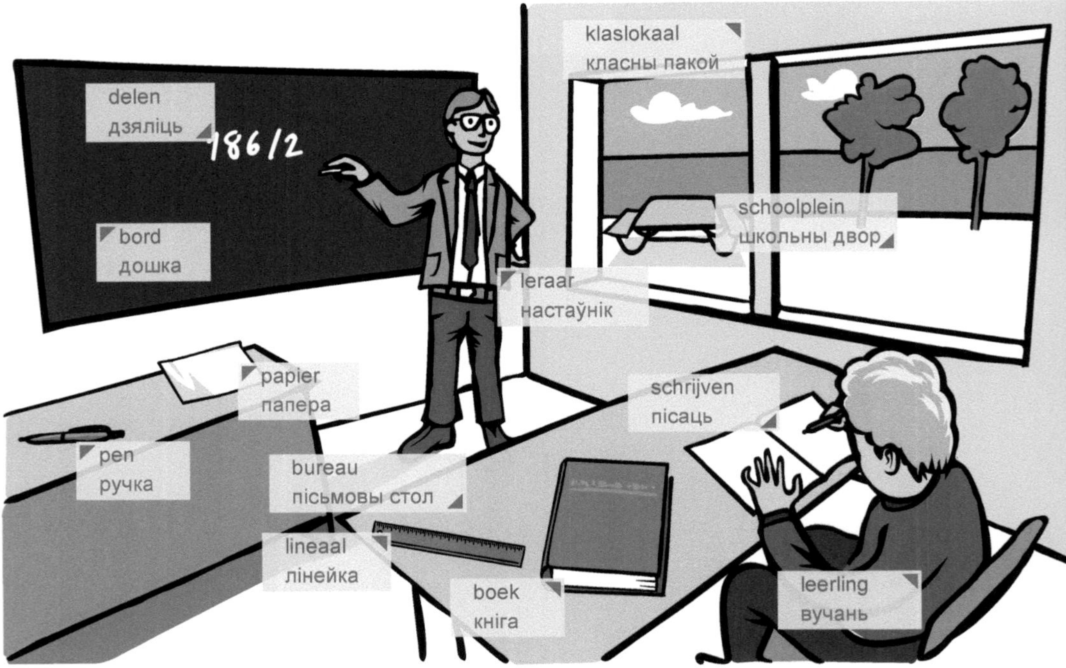
klaslokaal
класны пакой
delen
дзяліць
186/2
bord
дошка
schoolplein
школьны двор
leraar
настаўнік
papier
папера
schrijven
пісаць
pen
ручка
bureau
пісьмовы стол
lineaal
лінейка
boek
кніга
leerling
вучань

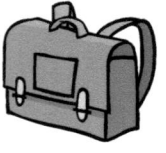

schooltas

ранец

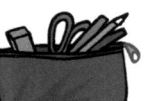

etui

пенал

potlood

просты аловак

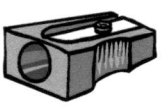

puntenslijper

тачылка для алоўкаў

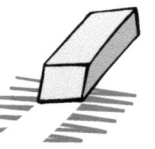

gum

гумка

schetsblok

альбом для малявання

tekening

малюнак

penseel

пэндзлік

verfdoos

фарбы

schaar

нажніцы

lijm

клей

schrift

сшытак

huiswerk

хатняе заданне

**12**

getal

лік

**2+2**

optellen

дадаваць

**5-2**

aftrekken

адымаць

**2×2**

vermenigvuldigen

множыць

rekenen

лічыць

**A**

letter

літара

ABCDEFG
HIJKLMN
OPQRSTU
VWXYZ

alfabet

алфавіт

woord

слова

tekst

тэкст

lezen

чытаць

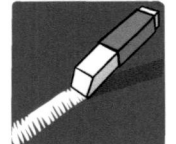

krijt

крэйда

les

ўрок

klassenboek

класны журнал

examen

экзамен

diploma

атэстат

schooluniform

школьная форма

opleiding

адукацыя

encyclopedie

энцыклапедыя

universiteit

універсітэт

microscoop

мікраскоп

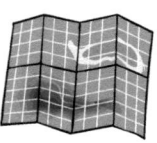

kaart

карта

prullenmand

смеццевы кошык

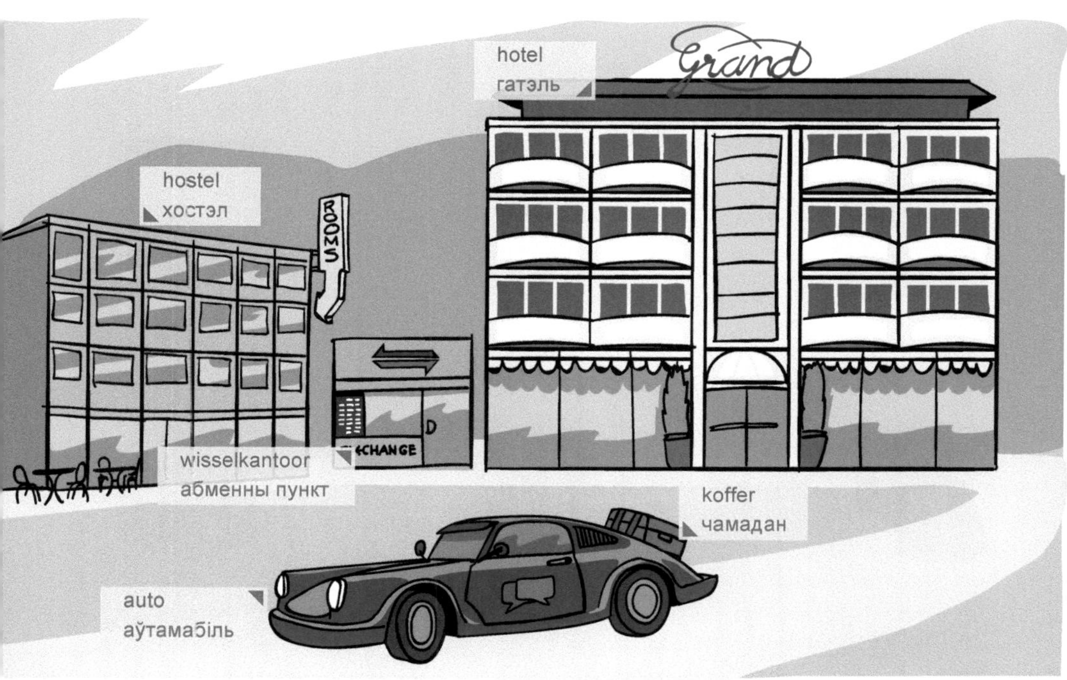

hotel
гатэль
Grand
hostel
хостэл
ROOMS
wisselkantoor
абменны пункт
EXCHANGE
koffer
чамадан
auto
аўтамабіль

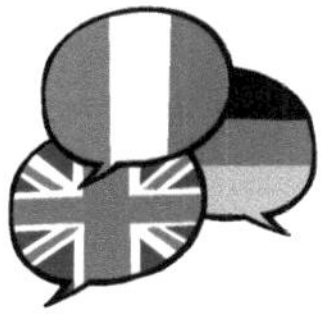

taal
мова

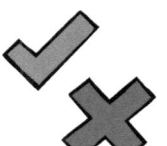

ja / nee
так / не

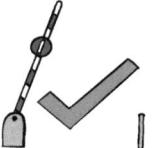

oké
добра

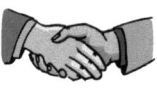

Hallo!
прывітанне!

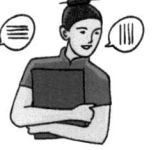

tolk
перакладчык

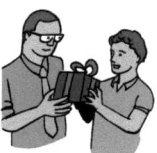

Bedankt.
дзякуй

Wat kost ...?

Колькі каштуе....?

Ik begrijp het niet.

я не разумею

probleem

праблема

Goedenavond!

Добры вечар!

Goedemorgen!

Добрай раніцы!

Goedenacht!

Дабранач!

Tot ziens!

да пабачэння

richting

кірунак

bagage

багаж

tas

сумка

rugzak

заплечнік

gast

госць

kamer

пакой

slaapzak

спальны мяшок

tent

палатка

VVV-kantoor

інфармацыя для турыстаў

strand

пляж

creditkaart

крэдытная картка

ontbijt

снеданне

lunch

абед

diner

вячэра

kaartje

праязны білет

lift

ліфт

postzegel

паштовая марка

grens

мяжа

douane

мытня

ambassade

пасольства

visum

віза

paspoort

пашпарт

# transport

# транспарт

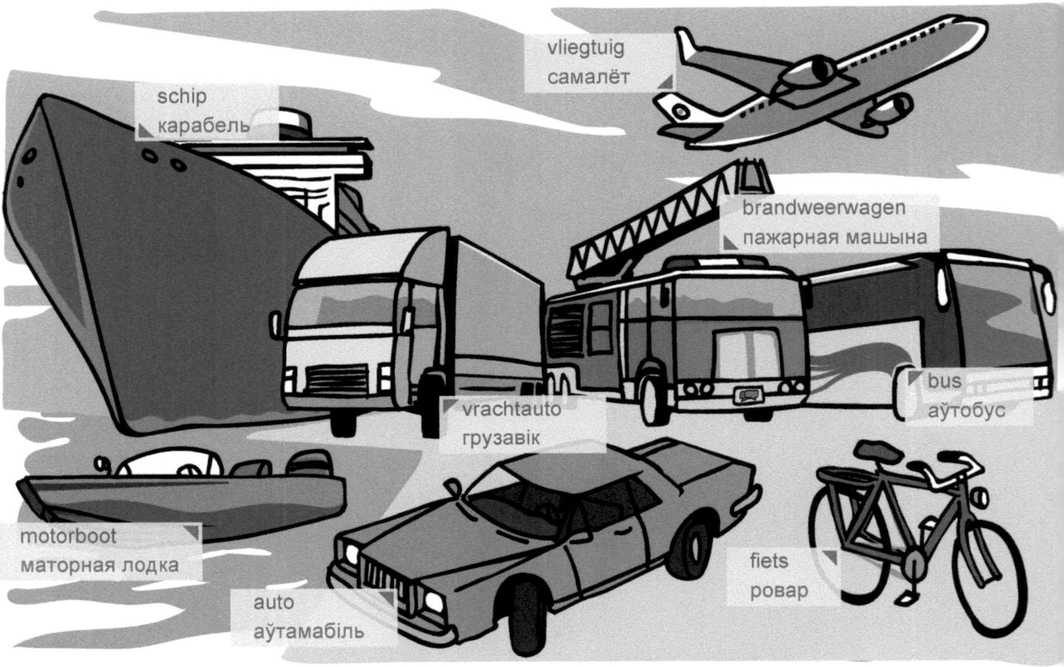

vliegtuig
самалёт
schip
карабель
brandweerwagen
пажарная машына
bus
аўтобус
vrachtauto
грузавік
motorboot
маторная лодка
fiets
ровар
auto
аўтамабіль


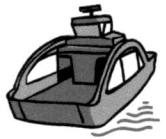

veerboot

паром

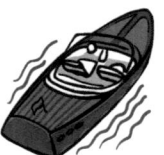

boot

лодка

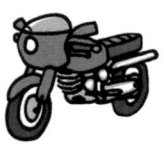

motorfiets

матацыкл

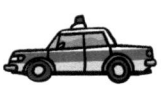

politiewagen

паліцэйская машына

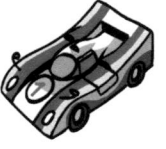

raceauto

гоначны аўтамабіль

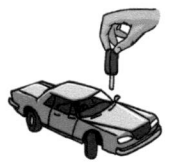

huurauto

арэндаваны аўтамабіль

carsharing

сумеснае карыстанне аўтамабілем

takelwagen

эвакуатар

vuilniswagen

смеццявоз

motor

матор

benzine

паліва

benzinepomp

запраўка

verkeersbord

дарожны знак

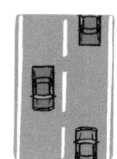

verkeer

дарожны рух

file

затор

parkeerplaats

паркоўка

station

чыгуначная станцыя

rails

рэйкі

trein

цягнік

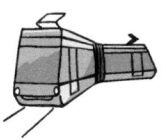

tram

трамвай

wagon

вагон

helikopter

верталёт

luchthaven

аэрапорт

toren

вежа

passagier

пасажыр

container

кантэйнер

verhuisdoos

кардонная скрыня

kar

тачка

mand

карзіна

opstijgen / landen

ўзлятаць / прызямляцца

## stad

## горад

dorp

вёска

stadscentrum

цэнтр горада

huis

дом

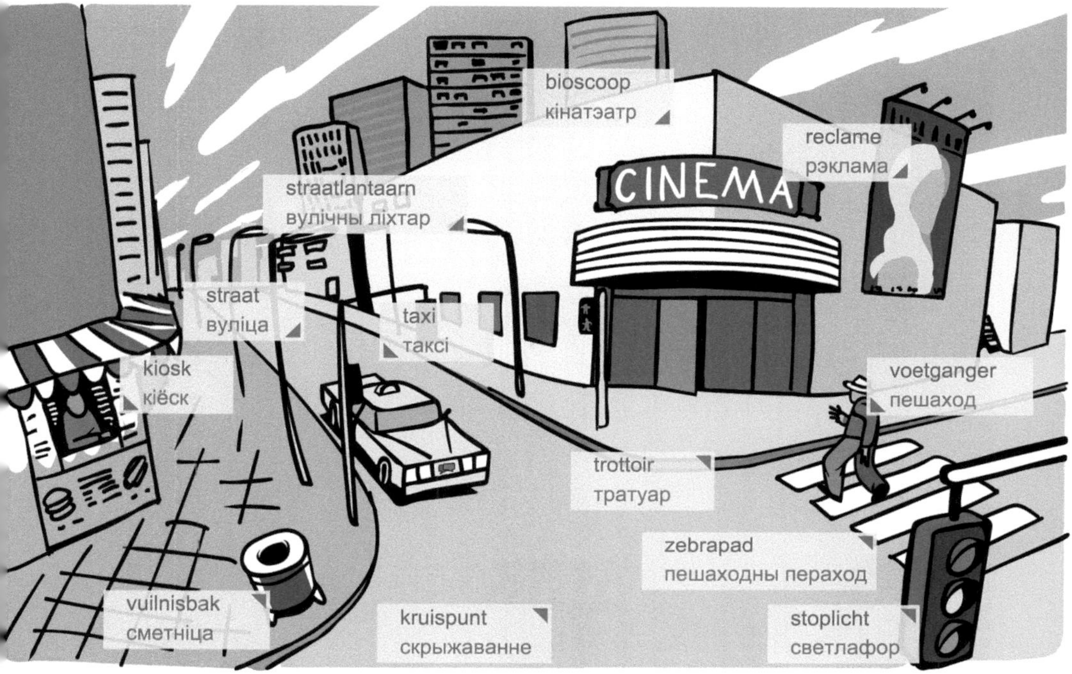

bioscoop / кінатэатр

reclame / рэклама

straatlantaarn / вулічны ліхтар

CINEMA

straat / вуліца

taxi / таксі

kiosk / кіёск

voetganger / пешаход

trottoir / тратуар

zebrapad / пешаходны пераход

vuilnisbak / сметніца

kruispunt / скрыжаванне

stoplicht / светлафор

hut
халупа

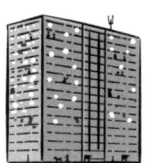

appartement
кватэра

station
чыгуначная станцыя

stadhuis
ратуша

museum
музей

school
школа

universiteit

універсітэт

bank

банк

ziekenhuis

шпіталь

hotel

гатэль

apotheek

аптэка

kantoor

офіс

boekenwinkel

кнігарня

winkel

крама

bloemenwinkel

кветкавая крама

supermarkt

супермаркет

markt

кірмаш

warenhuis

універмаг

visboer

рыбная крама

winkelcentrum

гандлевы цэнтр

haven

порт

park

парк

bank

лава

brug

мост

trap

лесвіца

metro

метро

tunnel

тунэль

bushalte

прыпынак

bar

бар

restaurant

рэстаран

brievenbus

паштовая скрыня

straatnaambord

вулічны паказальнік

parkeermeter

паркамат

dierentuin

заапарк

zwembad

басейн

moskee

мячэць

boerderij

сядзіба

vervuiling

забруджванне
навакольнага асяроддзя

begraafplaats

могілкі

kerk

царква

speelplaats

пляцоўка для гульні

tempel

храм

# landschap
## краявід

blad
ліст

wegwijzer
паказальнік

weg
дарога

weide
луг

steen
камень

boom
дрэва

wandelaar
падарожнік

rivier
рака

gras
трава

bloem
кветка

vallei
даліна

berg
гара

meer
возера

bos
лес

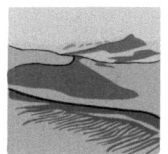
woestijn
пустыня

vulkaan
вулкан

kasteel
замак

regenboog
вясёлка

paddenstoel
грыб

palmboom
пальма

mug
камар

vlieg
муха

mier
мурашка

bij
пчала

spin
павук

kever

жук

kikker

жаба

eekhoorn

вавёрка

egel

вожык

haas

заяц

uil

сава

vogel

птушка

zwaan

лебедзь

wild zwijn

дзік

hert

алень

eland

лось

stuwdam

пляціна

windmolen

вятрак

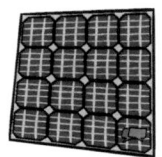

zonnepaneel

сонечная батарэя

klimaat

клімат

# restaurant
# рэстаран

ober
афіцыянт
menu
меню
stoel
крэсла
soep
суп
pizza
піца
tafelkleed
абрус
bestek
сталовыя прыборы

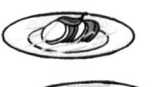

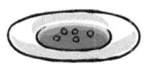

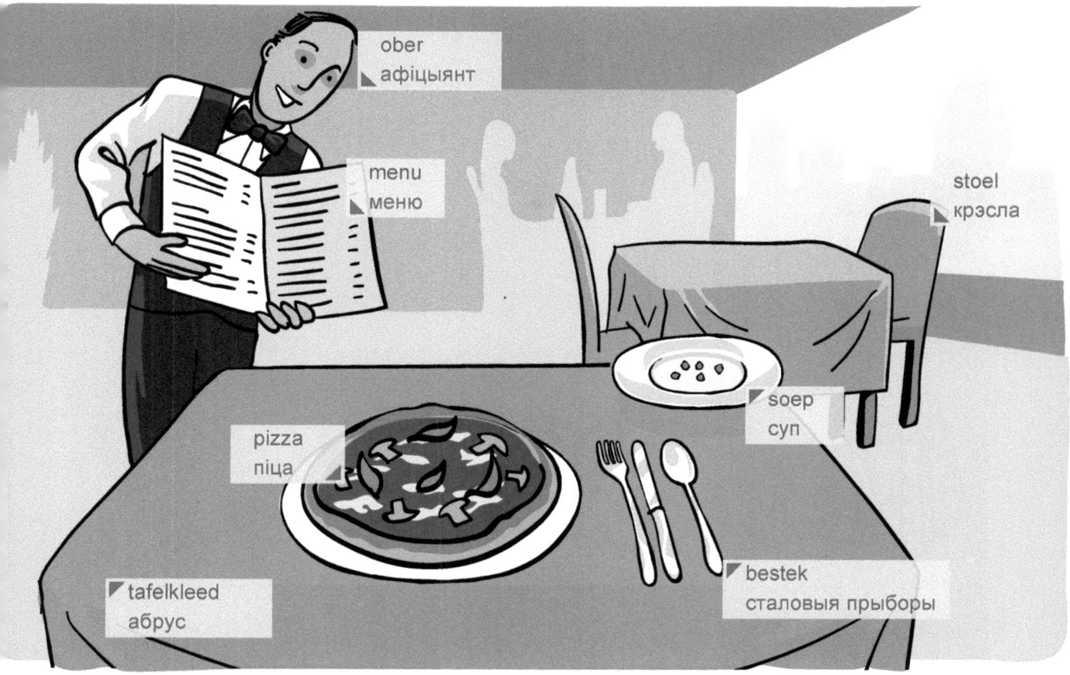

voorgerecht
..................
закуска

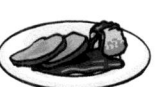

hoofdgerecht
..................
другая страва

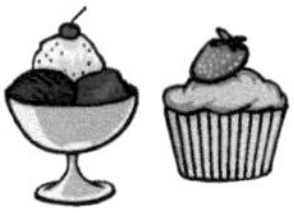

toetje
..................
дэсерт

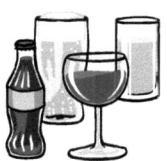

dranken
..................
напоі

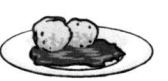

eten
..................
ежа

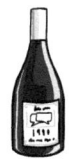

fles
..................
бутэлька

fastfood

хуткае харчаванне (фаст-фуд)

eetkraampje

стрыт-фуд

theepot

імбрык (чайнік)

suikerpot

цукарніца

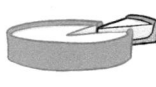

portie

порцыя

espressomachine

эспрэса-машына

kinderstoel

дзіцячае крэселка

rekening

рахунак

dienblad

паднос

mes

нож

vork

відэлец

lepel

лыжка

theelepel

чайная лыжка

servet

сурвэтка

glas

шклянка

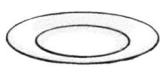

bord

талерка

soepbord

супавая талерка

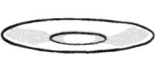

schotel

сподак

saus

соус

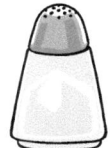

zoutvaatje

сальніца

pepermolen

млынок для перцу

azijn

воцат

olie

алей

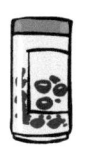

kruiden

спецыі

ketchup

кетчуп

mosterd

гарчыца

mayonaise

маянэз

# supermarkt
# супермаркет

aanbieding
акцыя
FOR
klant
пакупнік
zuivelproducten
малочныя прадукты
fruit
садавіна
winkelwagen
вазок


BUTCHERS


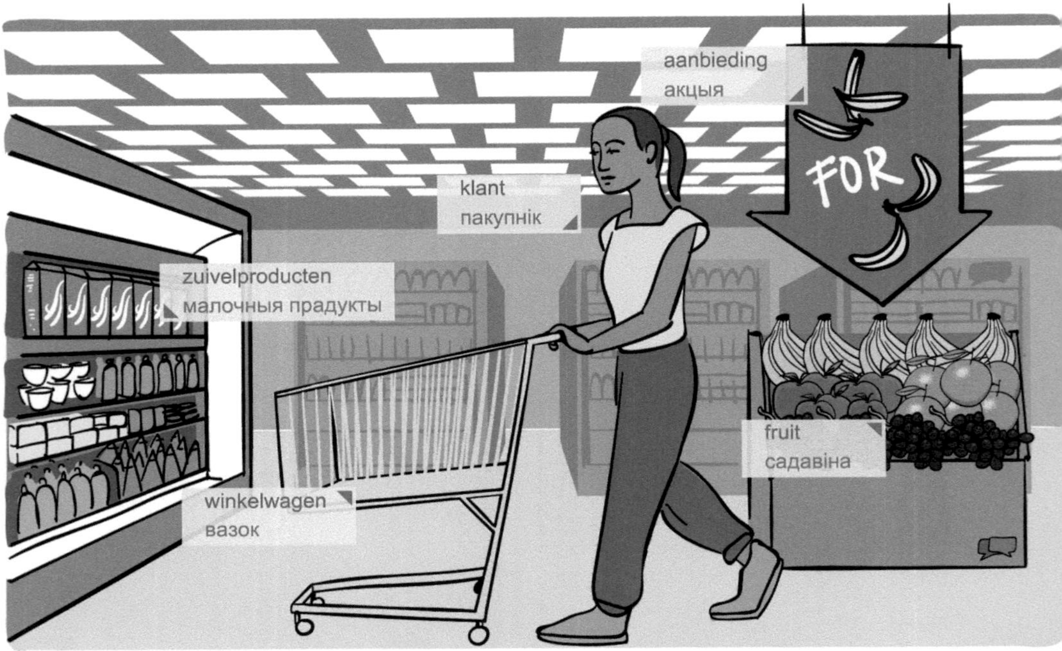

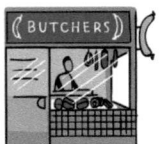

slager

мясная крама

BAKERY


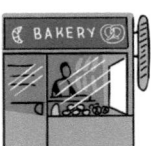

bakkerij

хлебны магазін

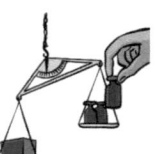

wegen

важыць

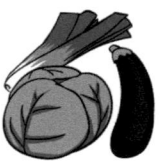

groente

гароднiна

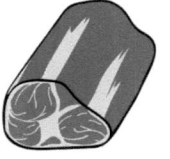

vlees

мяса

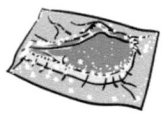

diepvriesproducten

свежазамарожаныя прадукты

vleeswaren
нарэзка

conserven
кансервы

wasmiddel
пральны парашок

snoepgoed
прысмакі

huishoudelijke artikelen
хатнія прылады

schoonmaakmiddel
чысцячы сродак

verkoopster
прадавец

kassa
каса

kassier
касір

boodschappenlijstje
спіс пакупак

openingstijden
гадзіны працы

portefeuille
бумажнік

creditkaart
крэдытная картка

tas
сумка

plastic zak
пакет

water

вада

sap

сок

melk

малако

cola

кола

wijn

віно

bier

піва

alcohol

алкаголь

chocolademelk

какава

thee

гарбата (чай)

koffie

кава

espresso

эспрэса

cappuccino

капучына

banaan

банан

appel

яблык

sinaasappel

апельсін

watermeloen

дыня

citroen

лімон

wortel

морква

knoflook

часнок

bamboe

бамбук

ui

цыбуля

paddenstoel

грыб

noten

арэхі

pasta

локшына

spaghetti

спагеці

rijst

рыс

salade

салата

friet

бульба фры

gebakken aardappelen

смажаная бульба

pizza

піца

hamburger

гамбургер

sandwich

бутэрброд

schnitzel

шніцаль

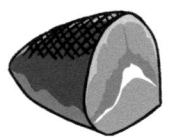

ham

вяндліна

salami

салямі

worst

каўбаса

kip

курыца

gebraad

смажаніна

vis

рыбак

havermout

аўсяныя камякі

muesli

мюслі

cornflakes

кукурузныя шматкі

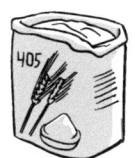

meel

мука

croissant

круасан

broodjes

булачка

brood

хлеб

toast

тост

koekjes

пячэнне

boter

масла

kwark

тварог

taart

пірог

ei

яйка

gebakken ei

яечня

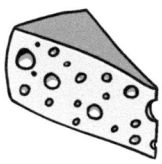

kaas

сыр

ijs

марожанае

suiker

цукар

honing

мёд

jam

варэнне

chocoladepasta

нуга

kerrie

кары

eten - ежа

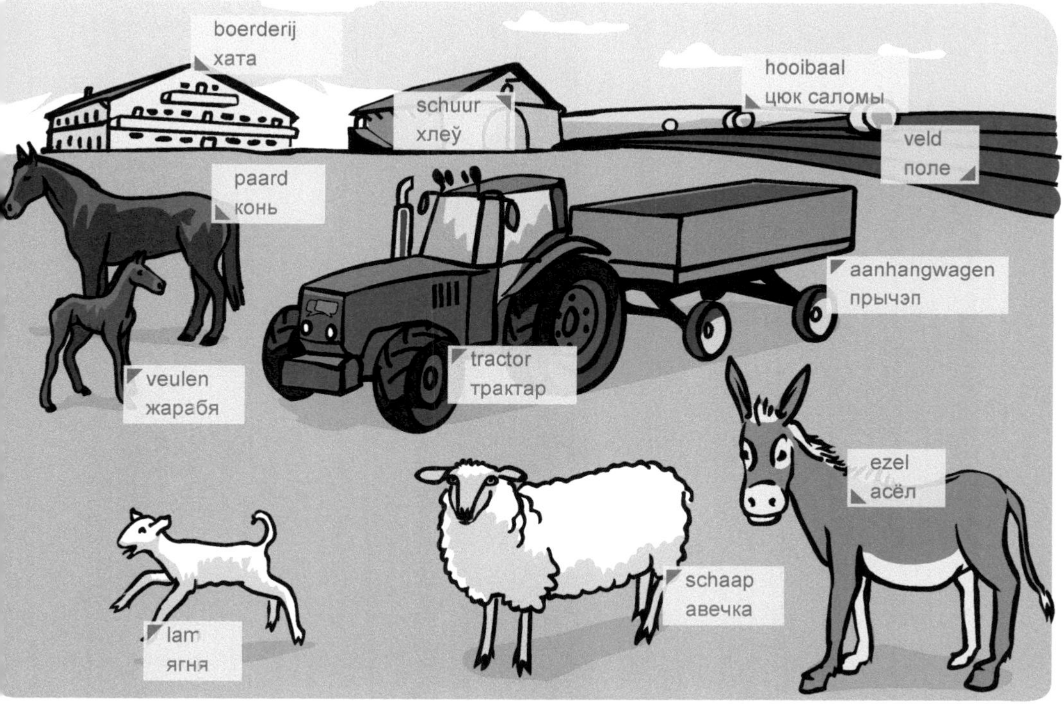

boerderij
хата

schuur
хлеў

hooibaal
цюк саломы

veld
поле

paard
конь

aanhangwagen
прычэп

tractor
трактар

veulen
жарабя

ezel
асёл

lam
ягня

schaap
авечка

| | | |
|---|---|---|
|  |  |  |
| geit | koe | kalf |
| каза | карова | цяля |
|  |  |  |
| varken | big | stier |
| свіння | парася | бык |

gans

гусак

eend

качка

kuiken

кураня

kip

курыца

haan

певень

rat

пацук

kat

кот

muis

мыш

os

вол

hond

сабака

hondenhok

сабачая будка

tuinslang

садовы шланг

gieter

палівачка

zeis

каса

ploeg

плуг

sikkel

серп

schoffel

матыка

hooivork

вілы для гною

bijl

сякера

kruiwagen

тачка

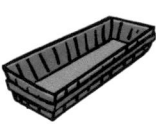

trog

карыта

melkbus

бітон для малака

zak

мех

hek

плот

stal

хлеў

broeikas

цяпліца

grond

глеба

zaad

насенне

mest

угнаенне

maaidorser

камбайн

oogsten

збіраць ураджай

oogst

ураджай

yam

ямс

tarwe

пшаніца

soja

соя

aardappel

бульба

maïs

кукуруза

koolzaad

рапс

fruitboom

садовае дрэва

maniok

маніёк

granen

збожжа

# huis

# дом

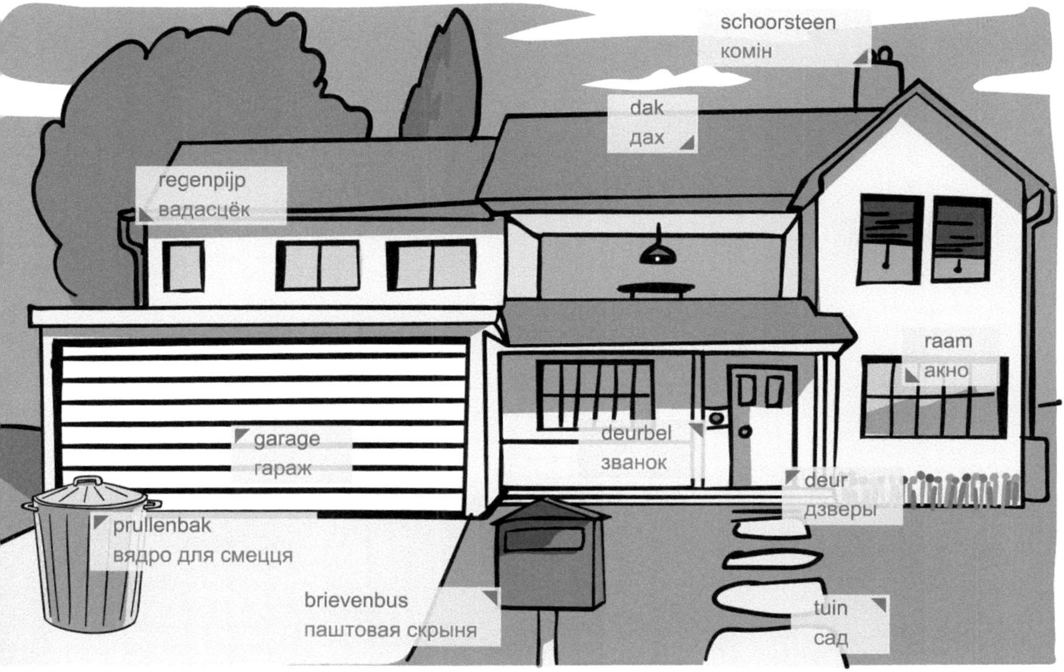
schoorsteen
комін
dak
дах
regenpijp
вадасцёк
raam
акно
garage
гараж
deurbel
званок
deur
дзверы
prullenbak
вядро для смецця
brievenbus
паштовая скрыня
tuin
сад

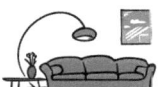

woonkamer

жылы пакой

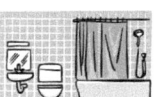

badkamer

ванная

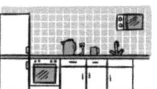

keuken

кухня

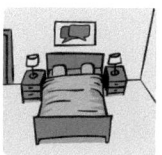

slaapkamer

спальны пакой

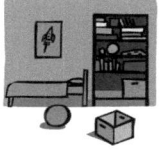

kinderkamer

дзіцячы пакой

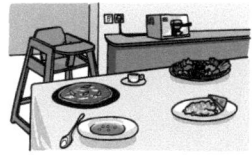

eetkamer

сталоўка

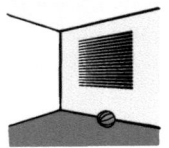

vloer

падлога

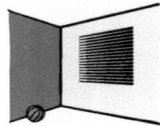

muur

сцяна

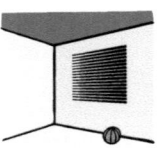

plafond

столь

kelder

падвал

sauna

саўна

balkon

балкон

terras

тэраса

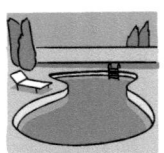

zwembad

басейн

grasmaaier

касілка

laken

падкоўдранік

bedsprei

коўдра

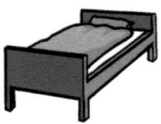

bed

ложак

bezem

венік

emmer

вядро

schakelaar

выключальнік

# woonkamer

# жылы пакой

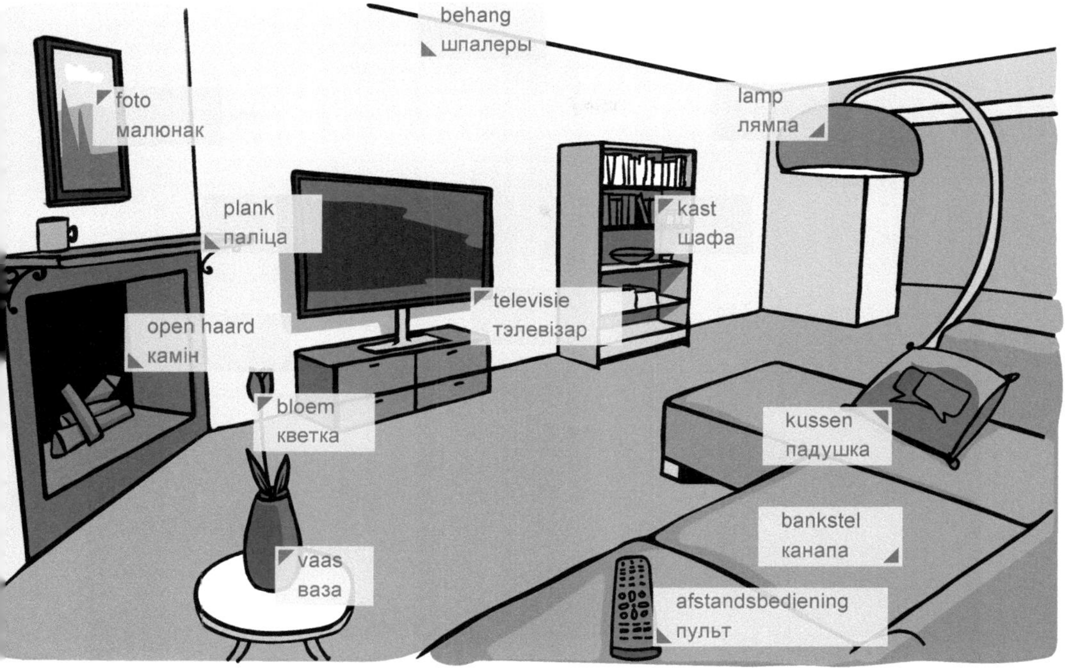

behang
шпалеры
foto
малюнак
lamp
лямпа
plank
паліца
kast
шафа
televisie
тэлевізар
open haard
камін
bloem
кветка
kussen
падушка
bankstel
канапа
vaas
ваза
afstandsbediening
пульт


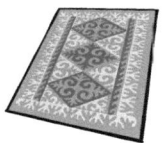

tapijt
дыван

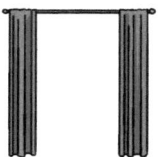

gordijn
фіранка

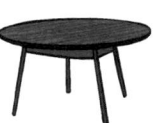

tafel
стол

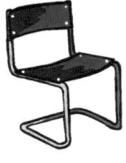

stoel
крэсла

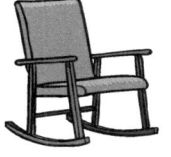

schommelstoel
крэсла-качалка

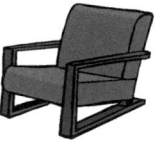

stoel
крэсла

boek

кніга

deken

коўдра

decoratie

дэкарацыя

brandhout

дровы

film

кіно

stereo-installatie

стэрэасістэма

sleutel

ключ

krant

газета

schilderij

карціна

poster

постар

radio

радыё

kladblok

нататнік

stofzuiger

пыласос

cactus

кактус

kaars

свечка

# keuken
# кухня

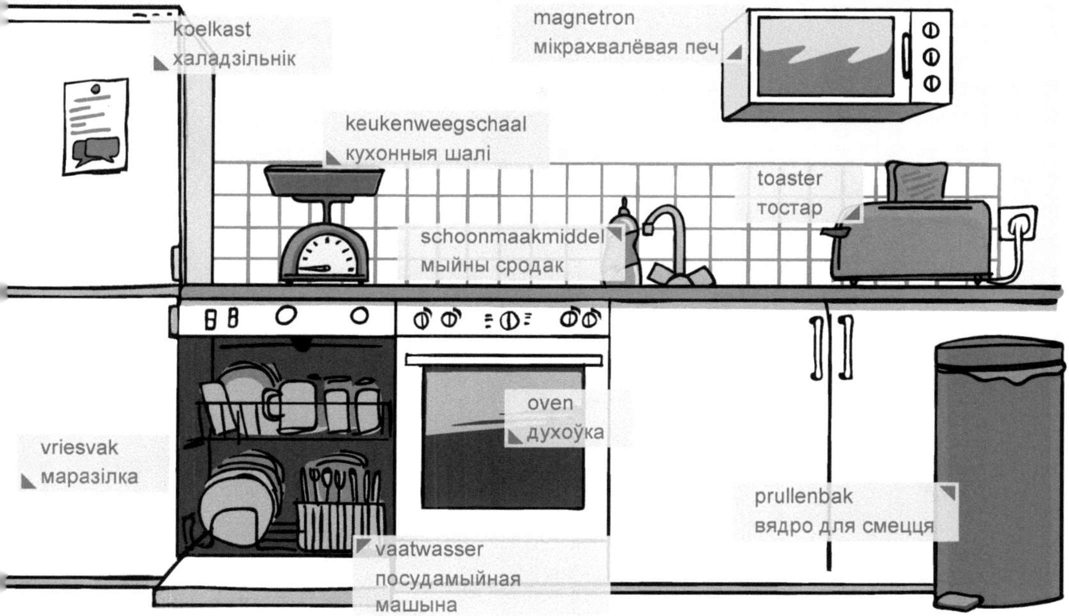
koelkast
халадзільнік
magnetron
мікрахвалёвая печ
keukenweegschaal
кухонныя шалі
toaster
тостар
schoonmaakmiddel
мыйны сродак
oven
духоўка
vriesvak
маразілка
prullenbak
вядро для смецця
vaatwasser
посудамыйная машына

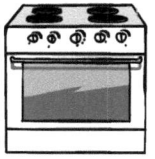

fornuis

пліта

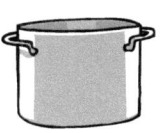

pan

рондаль

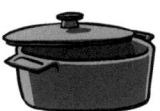

gietijzeren pan

чыгунок

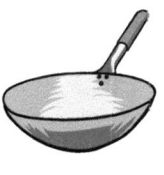

wok / kadai

Вок / кадаі

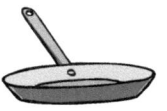

koekenpan

патэльня

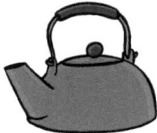

ketel

чайнік

stoomkoker

параварка

bakplaat

бляха

servies

посуд

beker

кубак

kom

міска

eetstokjes

палачкі для ежы

soeplepel

чарпак

spatel

лапатачка

garde

збівалка

vergiet

сіта для варэння

zeef

сіта

rasp

тарка

vijzel

ступка

barbecue

грыль

vuurhaard

вогнішча

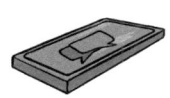

snijplank

дошка

deegroller

качалка

kurkentrekker

штопар

blik

бляшанка

blikopener

адкрывалка

pannenlap

прыхваткі

wasbak

ракавіна

borstel

шчотка

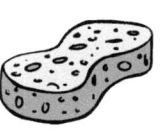

spons

губка

blender

міксер

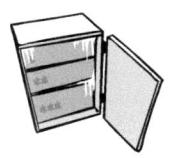

vriezer

маразільная камера

babyflesje

бутэлечка

kraan

вадаправодны кран

# badkamer

# ванная

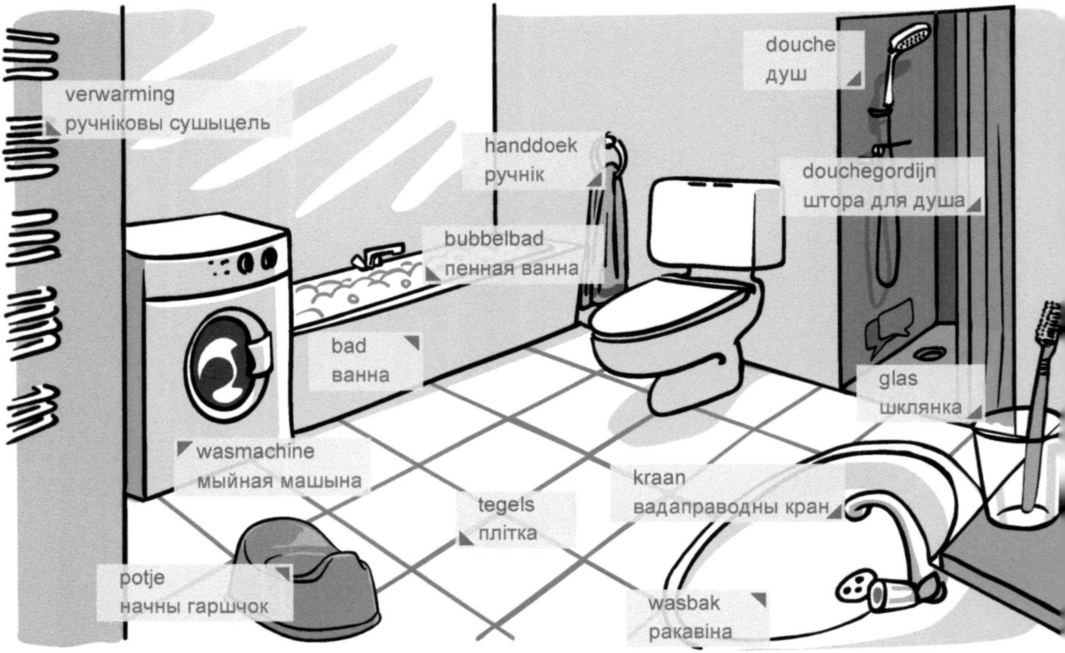

verwarming
ручніковы сушыцель
douche
душ
handdoek
ручнік
douchegordijn
штора для душа
bubbelbad
пенная ванна
bad
ванна
glas
шклянка
wasmachine
мыйная машына
kraan
вадаправодны кран
tegels
плітка
potje
начны гаршчок
wasbak
ракавіна


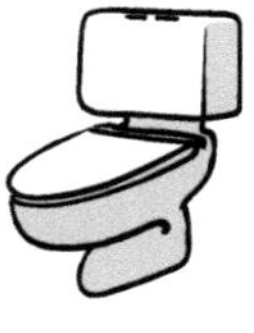

toilet

туалет

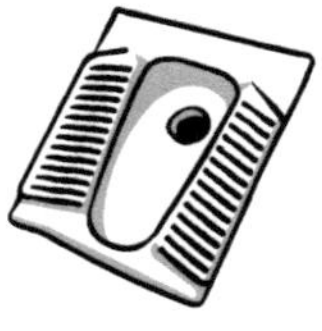

hurktoilet

падлогавы ўнітаз

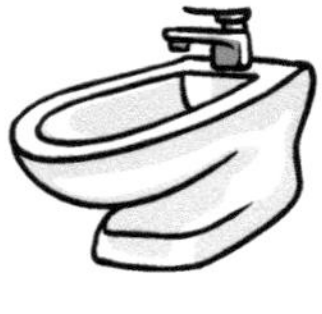

bidet

бідэ

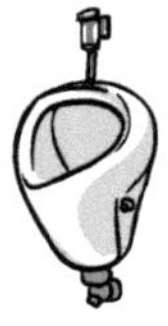

urinoir

пісуар

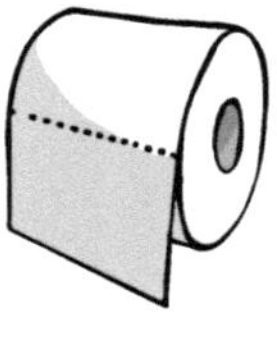

toiletpapier

туалетная папера

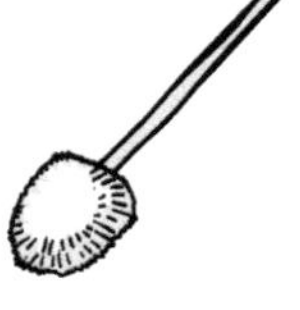

toiletborstel

шчотка для чысткі ўнітаза

tandenborstel

зубная шчотка

tandpasta

зубная паста

flosdraad

зубная нітка

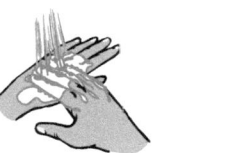

wassen

мыць

handdouche

ручны душ

toiletdouche

інтымны душ

waskom

умывальнік

rugborstel

шчотка для спіны

zeep

мыла

douchegel

гель для душа

shampoo

шампунь

washanje

вяхотка

afvoer

вадасцёк

creme

крэм

deodorant

дэзадарант

spiegel

люстэрка

make-upspiegel

касметычнае люстэрка

scheermes

станок для галення

scheerschuim

пена для галення

aftershave

ласьён пасля галення

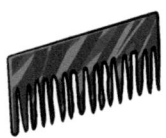

kam

грэбень

borstel

шчотка

haardroger

фен

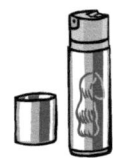

haarspray

лак для валасоў

make-up

касметыка

lippenstift

памада

nagellak

лак для пазногцяў

watten

вата

nagelschaartje

манікюрныя нажніцы

parfum

духі

toilettas

касметычка

kruk

табурэтка

weegschaal

вагі

badjas

лазневы халат

rubber handschoenen

санітарныя пальчаткі

tampon

тампон

maandverband

гігіенічныя пракладкі

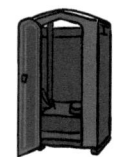

chemisch toilet

біятуалет

# kinderkamer

# дзіцячы пакой

wekker
будзільнік
knuffeldier
мяккая цацка
speelgoedauto
цацачная машынка
rammelaar
бразготка
poppenhuis
лялечны домік
cadeau
падарунак

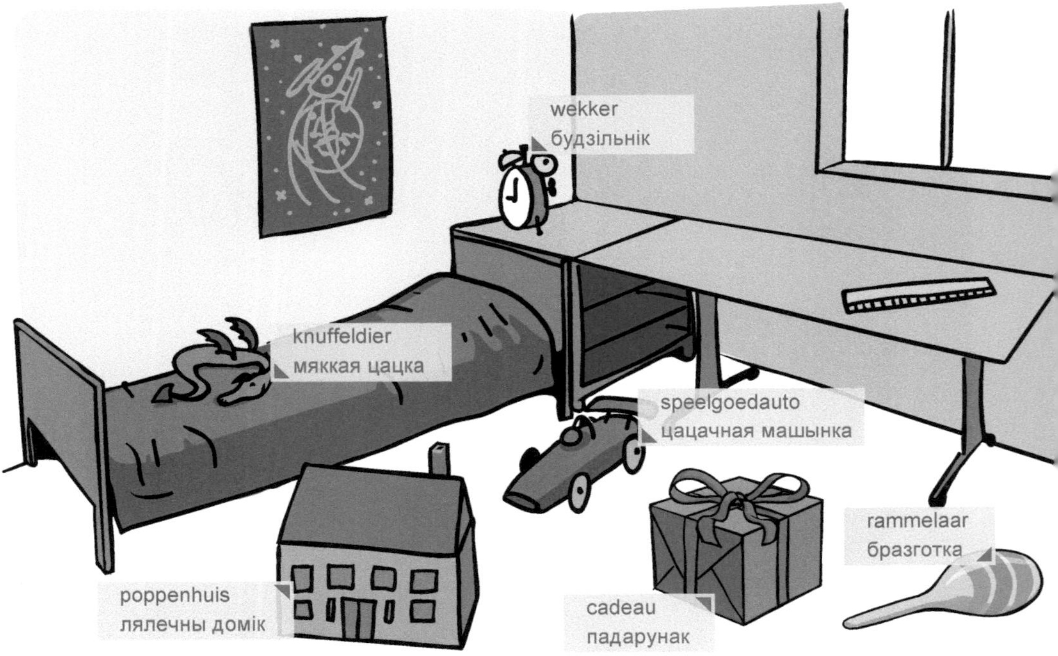

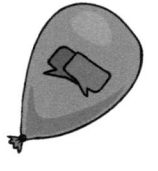

ballon
надзіманы шарык

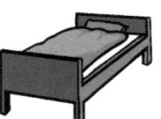

bed
ложак

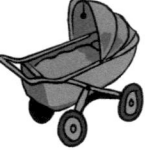

kinderwagen
дзіцячая каляска

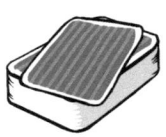

kaartspel
калода картаў

puzzel
пазл

SUPER
MEGA

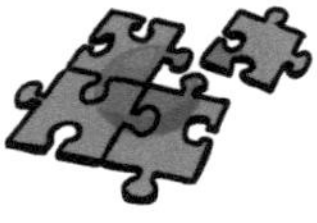

stripverhaal
комікс

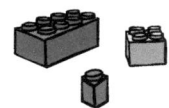

legostenen

канструктар "Лега"

speelgoedblokken

канструктар

actiefiguurtje

экшэн-фігурка

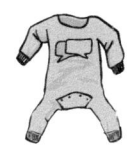

romper

дзіцячы гарнітур

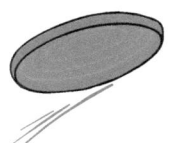

frisbee

фрызбі

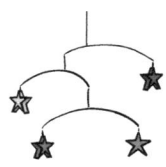

mobile

дзіцячы мабіль

bordspel

настольная гульня

dobbelsteen

кубік

modeltrein

дзіцячая чыгунка

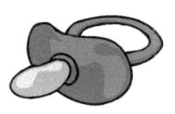

speen

пустышка

feestje

дзіцячае свята

prentenboek

кніга з малюнкамі

bal

мячык

pop

лялька

spelen

гуляцца

zandbak

пясочніца

schommel

арэлі

speelgoed

цацкі

spelcomputer

гульнявая відэа прыстаўка

driewieler

трохколавы ровар

teddybeer

плюшавы мішка

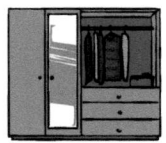

kleerkast

шафа

# kleding

## адзенне

sokken

шкарпэткі

kousen

панчохі

panty

калготкі

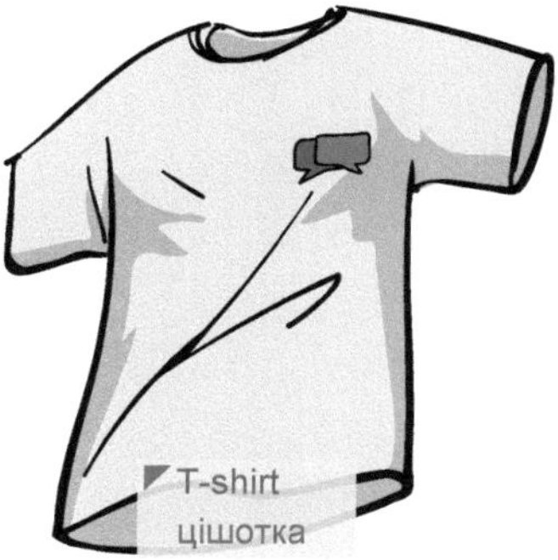

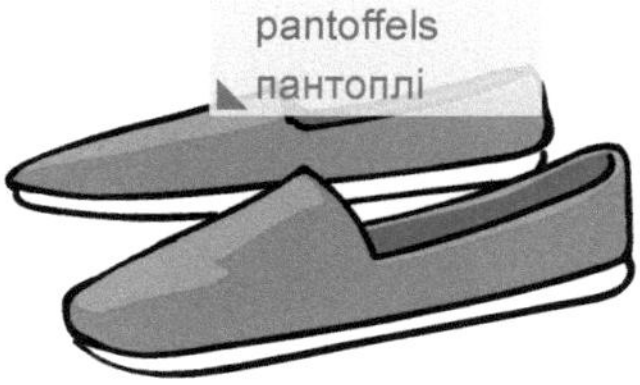

sjaal
шалік

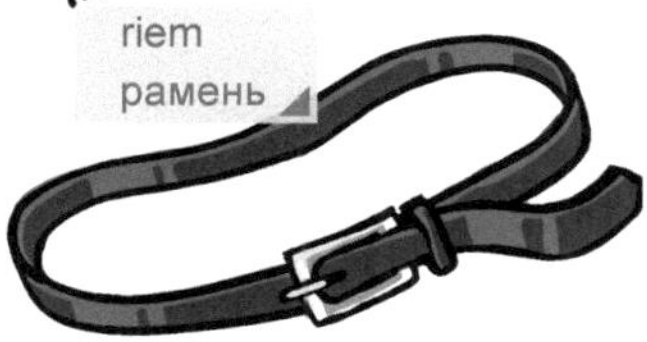

paraplu
парасон

riem
рамень

T-shirt
цішотка

laarzen
боты

pantoffels
пантоплі

sportschoenen
красоўкі

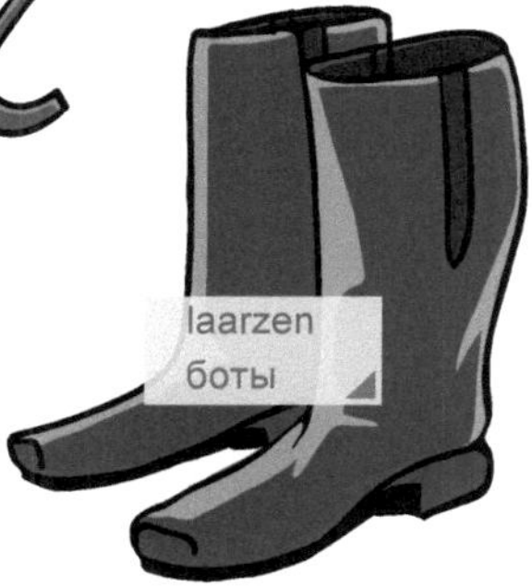

sandalen
сандалі

schoenen
абутак

rubberlaarzen
гумовыя боты

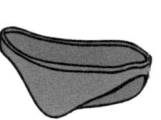

onderbroek
трусы

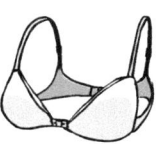

beha
бюстгальтар

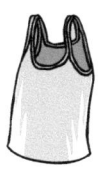

onderhemd
майка

body

бодзі

broek

штаны

spijkerbroek

джынсы

rok

спадніца

blouse

блузка

overhemd

кашуля

trui

джэмпер

hoody

талстоўка

blazer

блэйзер

jas

куртка

mantel

паліто

regenjas

дажджавік

kostuum

касцюм

jurk

сукенка

trouwjurk

вясельная сукенка

pak

касцюм

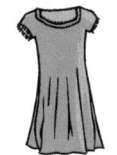

nachthemd

начная сарочка

pyjama

піжама

sari

сары

hoofddoek

хустка

tulband

цюрбан

boerka

паранджа

kaftan

каптан

abaja

Абая

zwempak

купальнік

zwembroek

плаўкі

korte broek

шорты

trainingspak

спартыўны касцюм

schort

фартух

handschoenen

пальчаткі

knoop

гузік

bril

акуляры

armband

бранзалет

ketting

каралі

ring

кальцо

oorbel

завушніца

pet

кепка

kledinghanger

вешалка

hoed

капялюш

stropdas

гальштук

rits

маланка

helm

шлем

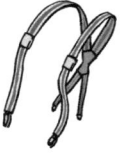

bretels

падцяжкі

schooluniform

школьная форма

uniform

уніформа

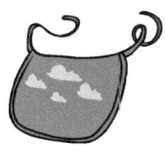

slabbetje

нагруднік

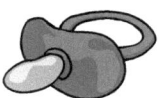

speen

пустышка

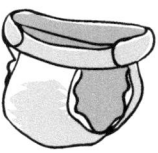

luier

падгузнік

# kantoor
# офіс

server
сервер
archiefkast
канцылярская шафа
printer
прынтэр
beeldscherm
манітор
papier
папера
muis
мыш
bureau
пісьмовы стол
map
тэчка
toetsenbord
клавіятура
prullenmand
смеццевы кошык
stoel
крэсла
computer
кампутар


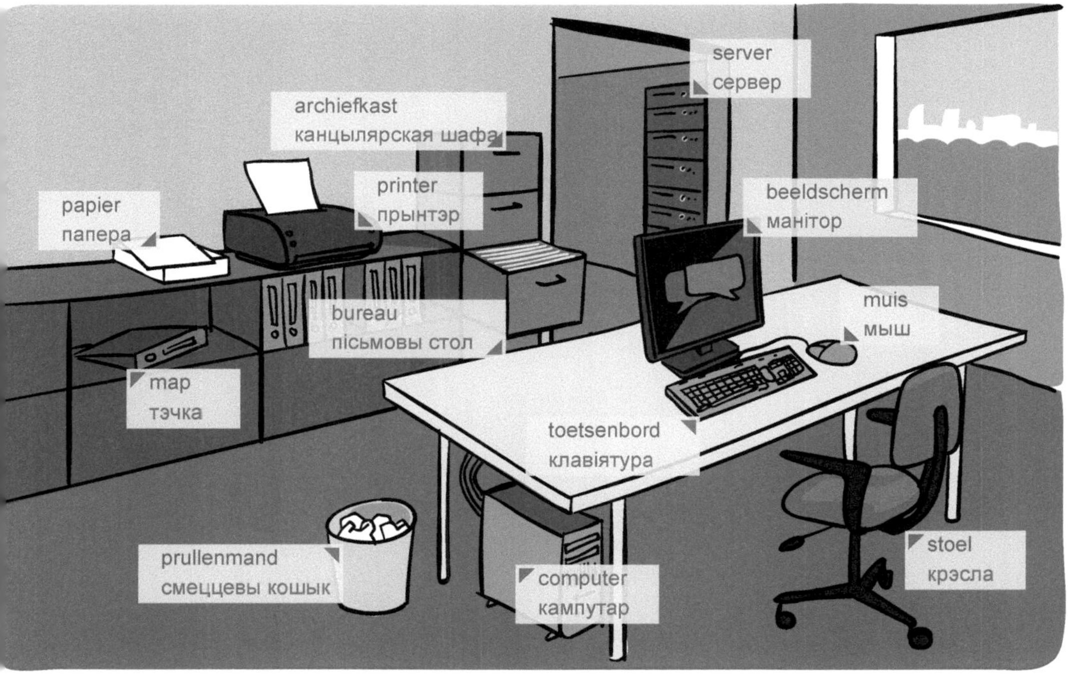

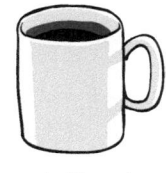

koffiemok

кубак для кавы (філіжанка)

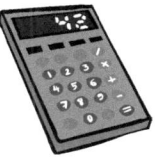

rekenmachine

калькулятар

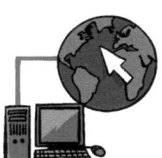

internet

інтэрнэт

laptop

ноўтбук

brief

ліст

bericht

паведамленне

mobiele telefoon

мабільны тэлефон

netwerk

сетка

kopieermachine

ксеракс

software

праграмнае забеспячэнне

telefoon

тэлефон

stopcontact

разетка

fax

факс

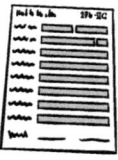

formulier

фармуляр

document

дакумент

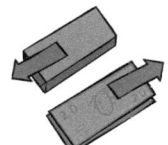

kopen

купляць

betalen

плаціць

handel drijven

гандляваць

geld

грошы

dollar

долар

euro

еўра

yen

ена

roebel

рубель

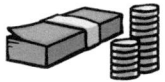

Zwitserse frank

франк

renminbi yuan

кітайскі юань

roepie

рупія

geldautomaat

банкамат

wisselkantoor

абменны пункт

goud

золата

zilver

срэбра

olie

нафта

energie

энергія

prijs

цана

contract

кантракт

belasting

падатак

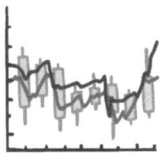

aandeel

акцыя

werken

працаваць

werknemer

служачы

werkgever

працадаўца

fabriek

фабрыка

winkel

крама

politieagent
паліцыянт

brandweerman
пажарны

kok
кухар

dokter
доктар

piloot
пілот

tuinman
................
садоўнік

timmerman
................
слесар

naaister
................
швачка

rechter
................
суддзя

scheikundige
................
хімік

toneelspeler
................
артыст

buschauffeur

кіроўца аўтобуса

taxichauffeur

таксіст

visser

рыбак

schoonmaakster

прыбіральшчыца

dakdekker

страхар

ober

афіцыянт

jager

паляўнічы

schilder

мастак

bakker

пекар

elektricien

электрык

bouwvakker

будаўнік

ingenieur

інжынер

slager

мяснік

loodgieter

сантэхнік

postbode

паштальён

soldaat

салдат

architect

архітэктар

kassier

касір

bloemist

фларыст

kapper

цырульнік

conducteur

кандуктар

monteur

механік

kapitein

капітан

tandarts

стаматолаг

wetenschapper

вучоны

rabbi

рабін

imam

імам

monnik

манах

pastoor

святар

# gereedschap
# інструменты

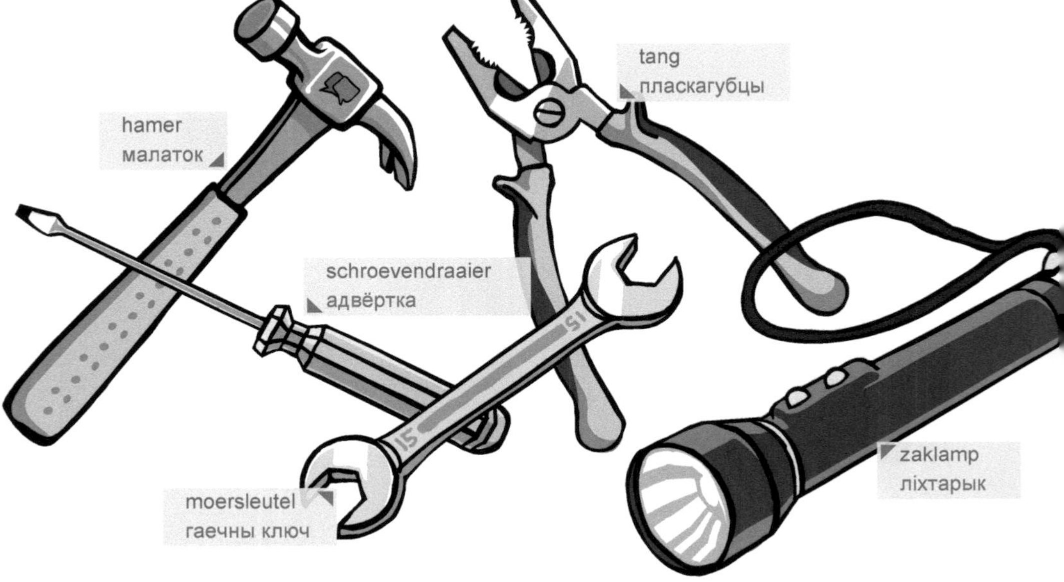

hamer
малаток
tang
пласкагубцы
schroevendraaier
адвёртка
moersleutel
гаечны ключ
zaklamp
ліхтарык


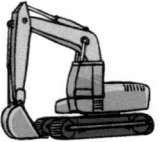

graafmachine

экскаватар

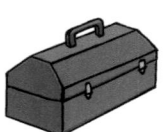

gereedschapskist

скрыня для інструментаў

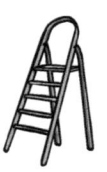

ladder

дравіны

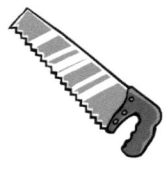

zaag

піла

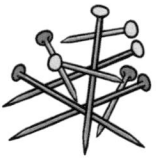

spijkers

цвікі

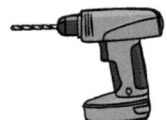

boor

дрыль

repareren

рамантаваць

schep

рыдлеўка

Verdorie!

Халера!

stofblik

шуфлік для смецця

verfpot

вядро з фарбаю

schroeven

балты

## muziekinstrumenten
## музычныя інструменты

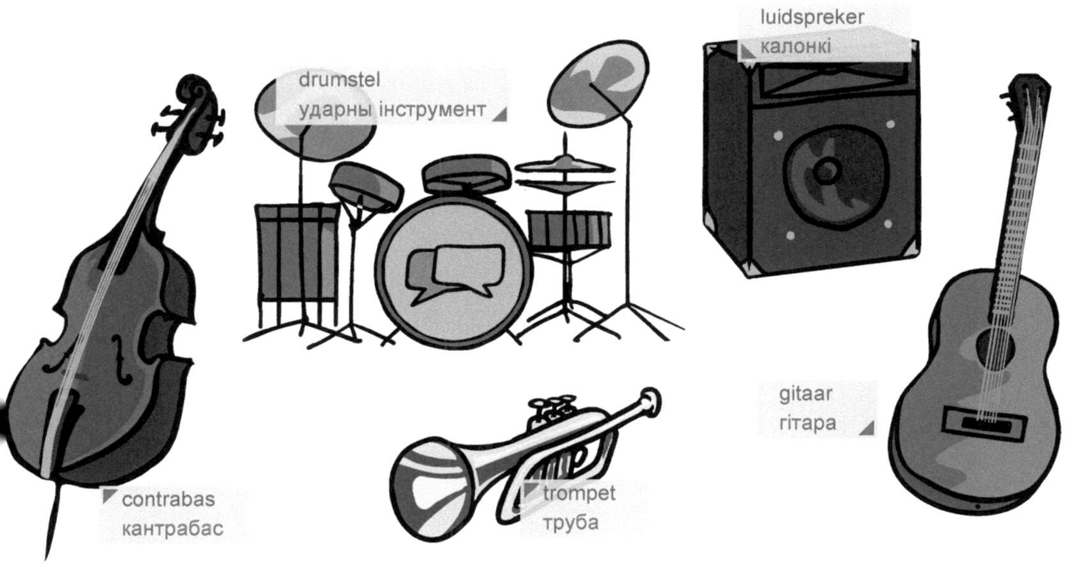

drumstel
ударны інструмент

luidspreker
калонкі

gitaar
гітара

contrabas
кантрабас

trompet
труба

piano

піяніна

viool

скрыпка

bas

басгітара

pauk

літаўры

trommel

барабан

keyboard

клавішны электрамузычны
інструмент

saxofoon

саксафон

fluit

флейта

microfoon

мікрафон

# dierentuin

# заапарк

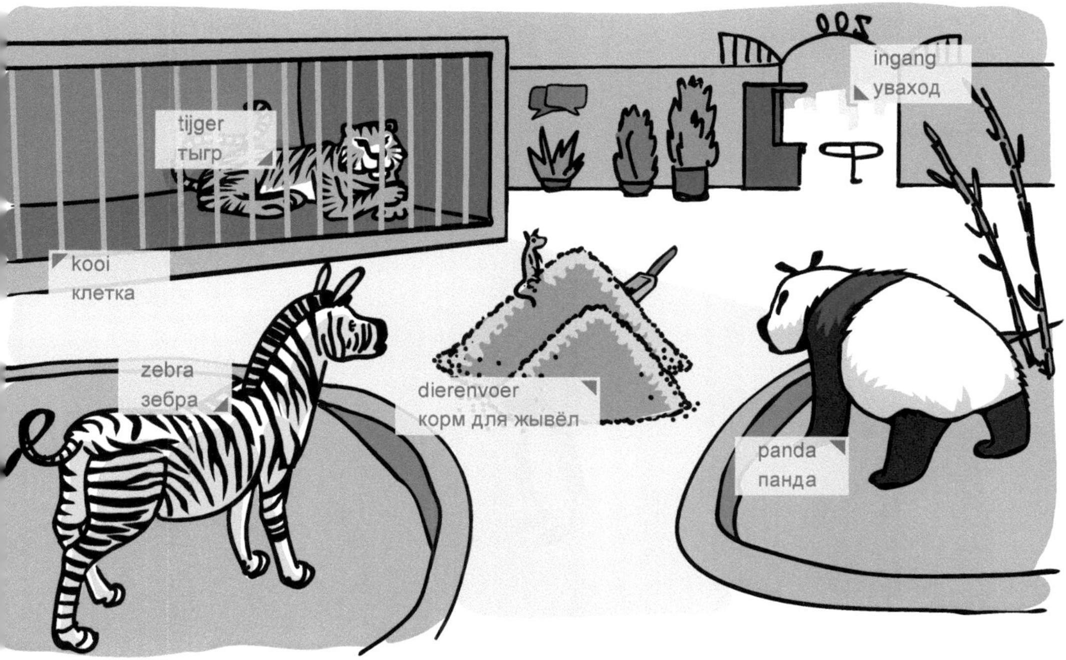

ingang
уваход
tijger
тыгр
kooi
клетка
zebra
зебра
dierenvoer
корм для жывёл
panda
панда


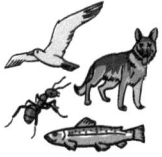

dieren
жывёлы

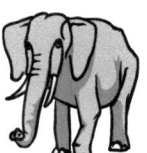

olifant
слон

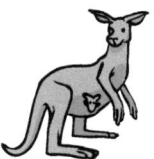

kangoeroe
кенгуру

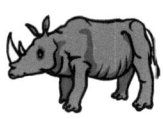

neushoorn
насарог

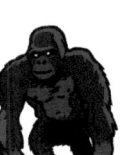

gorilla
гарыла

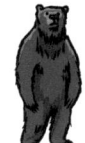

beer
мядзведзь

kameel

вярблюд

struisvogel

стравус

leeuw

леў

aap

малпа

flamingo

фламінга

papegaai

папугай

ijsbeer

белы мядзведзь

pinguïn

пінгвін

haai

акула

pauw

паўлін

slang

змяя

krokodil

кракадзіл

dierenverzorger

наглядчык заапарка

zeehond

цюлень

jaguar

ягуар

pony

поні

luipaard

леапард

nijlpaard

бегемот

giraffe

жыраф

adelaar

арол

wild zwijn

дзік

vis

рыбак

schildpad

чарапаха

walrus

морж

vos

ліса

gazelle

газель

American football
амерыканскі футбол

wielrennen
веласпорт

tennis
тэніс

basketbal
баскетбол

zwemmen
плаванне

boksen
бокс

ijshockey
хакей з шайбай

voetbal
футбол

badminton
бадмінтон

atletiek
лёгкая атлетыка

handbal
гандбол

skiën
горныя лыжы

polo
пола

lachen
смяяцца

springen
скакаць

knuffelen
абдымаць

lopen
ісці

zingen
спяваць

dromen
марыць

bidden
маліцца

kussen
цалаваць

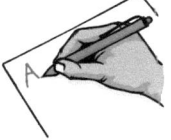

schrijven

пісаць

tekenen

маляваць

tonen

паказваць

duwen

націснуць

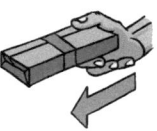

geven

даваць

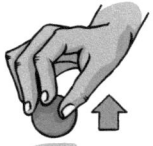

oppakken

браць

hebben

маць

doen

выконваць

zijn

быць

staan

стаяць

rennen

бегчы

trekken

цягнуць

gooien

кідаць

vallen

падаць

liggen

ляжаць

wachten

чакаць

dragen

насіць

zitten

сядзець

aankleden

апранацца

slapen

спаць

wakker worden

прачынацца

bekijken

глядзець

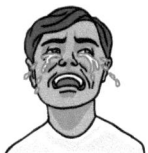

huilen

плакаць

strelen

лашчыць

kammen

прычэсвацца

praten

гаварыць

begrijpen

разумець

vragen

пытаць

horen

чуць

drinken

піць

eten

есці

opruimen

прыбіраць

houden van

кахаць

koken

гатаваць

rijden

ехаць

vliegen

лятаць

activiteiten - дзейнасць

zeilen

плаваць пад ветразем

rekenen

лічыць

lezen

чытаць

leren

вучыць

werken

працаваць

trouwen

уступаць у шлюб

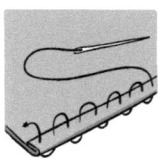

naaien

шыць

tandenpoetsen

чысціць зубы

doden

забіваць

roken

курыць

verzenden

пасылаць

grootmoeder
бабуля

grootvader
дзядуля

vader
бацька

moeder
маці

baby
дзіця

dochter
дачка

zoon
сын

gast

госць

tante

цётка

oom

дзядзька

broer

брат

zus

сястра

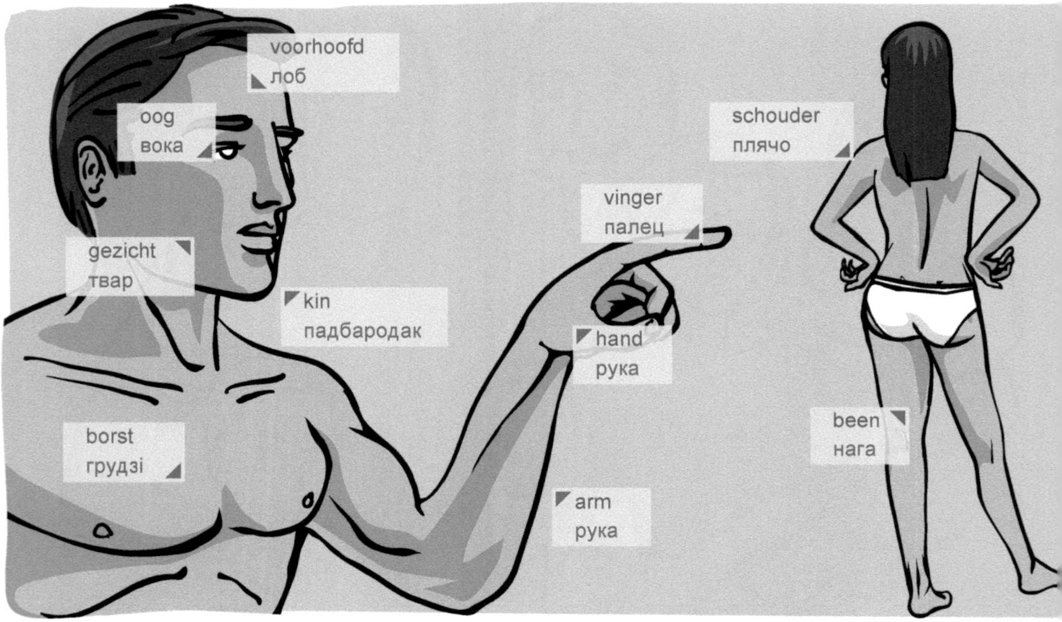

voorhoofd
лоб

oog
вока

schouder
плячо

vinger
палец

gezicht
твар

kin
падбародак

hand
рука

borst
грудзі

been
нага

arm
рука

baby

дзіця

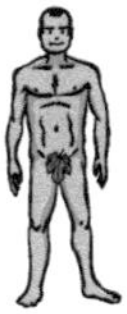

man

мужчына

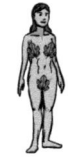

vrouw

жанчына

meisje

дзяўчынка

jongen

хлопчык

hoofd

галава

rug

спіна

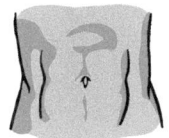

buik

жывот

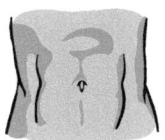

navel

пуп

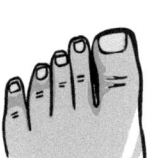

teen

палец нагі

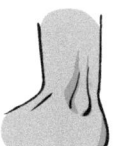

hiel

пятка

bot

костка

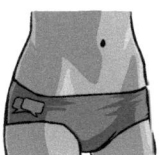

heup

бядро

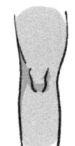

knie

калена

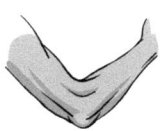

elleboog

локаць

neus

нос

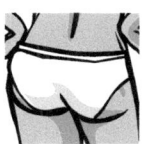

achterwerk

ягадзіца

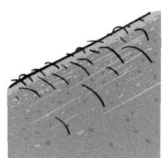

huid

скура

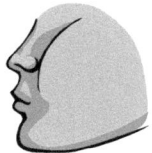

wang

шчака

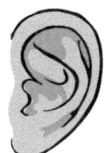

oor

вуха

lippen

губа

mond

рот

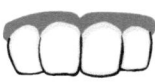

tand

зуб

tong

язык

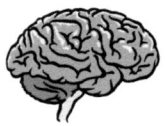

hersenen

галаўны мозг

hart

сэрца

spier

мышца

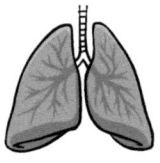

long

лёгкае

lever

пячонка

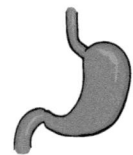

maag

страўнік

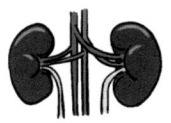

nieren

ныркі

geslachtsgemeenschap

сэкс

condoom

прэзерватыў

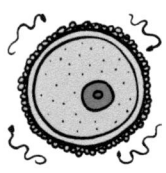

eicel

яйцаклетка

sperma

сперма

zwangerschap

цяжарнасць

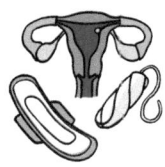

menstruatie

менструацыя

vagina

похва

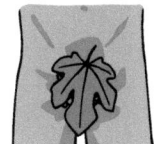

penis

пеніс

wenkbrauw

брыво

haar

валасы

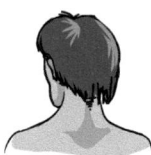

hals

шыя

ziekenhuis
шпіталь

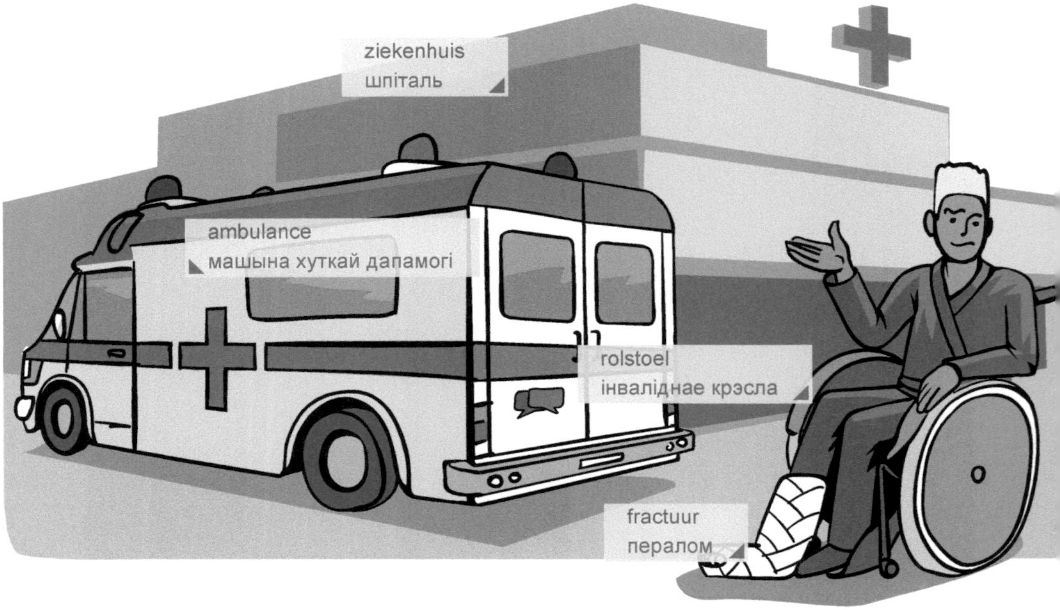

ambulance
машына хуткай дапамогі

rolstoel
інваліднае крэсла

fractuur
пералом

dokter

доктар

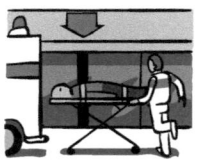

EHBO

аддзяленне першай
дапамогі

verpleegster

медсястра

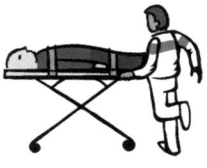

noodgeval

экстраная дапамога

bewusteloos

непрытомны

pijn

боль

verwonding

траўма

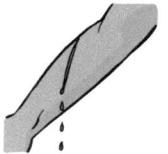

bloeding

крывацёк

hartaanval

інфаркт

beroerte

апаплексія

allergie

алергія

hoest

кашаль

koorts

гарачка

griep

грып

diarree

панос

hoofdpijn

галаўны боль

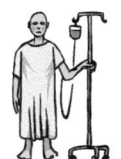

kanker

рак

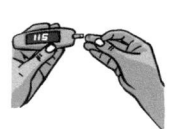

diabetes

дыябет

chirurg

хірург

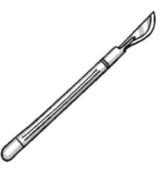

scalpel

скальпель

operatie

аперацыя

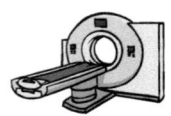

CT

КТ

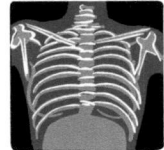

röntgen

рэнтген

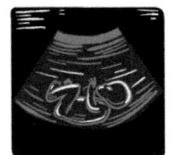

echografie

ультрагук

gezichtsmasker

маска

ziekte

хвароба

wachtkamer

пачакальня

kruk

мыліца

pleister

пластыр

verband

бінт

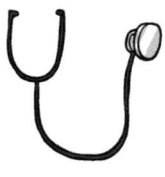

injectie

ін'екцыя

stethoscoop

стэтаскоп

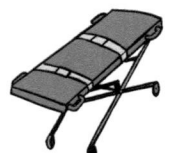

brancard

насілкі

thermometer

градуснік

geboorte

нараджэнне

overgewicht

лішняя вага

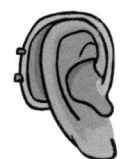

gehoorapparaat

слухавы апарат

ontsmettingsmiddel

дэзінфекцыйны сродак

infectie

інфекцыя

virus

вірус

HIV / AIDS

ВІЧ/СНІД

medicijn

лекі

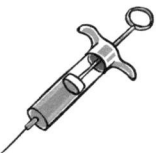

inenting

прышчэпка

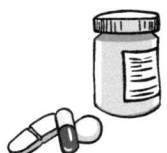

tabletten

таблеткі

pil

супрацьзачаткавая
таблетка

alarmnummer

экстраны выклік

bloeddrukmeter

танометр

ziek / gezond

хворы / здаровы

Help!

Ратуйце!

alarm

сігналізацыя

overval

напад

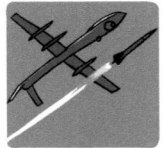

aanval

атака

gevaar

небяспека

nooduitgang

аварыйны выхад

Brand!

Пажар!

brandblusser

вогнетушыцель

ongeluk

аварыя

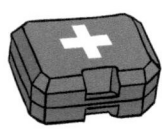

EHBO-koffer

аптэчка

SOS

СОС

politie

паліцыя

Europa

Еўропа

Noord-Amerika

Паўночная Амерыка

Zuid-Amerika

Паўднёвая Амерыка

Afrika

Афрыка

Azië

Азія

Australië

Аўстралія

Atlantische Oceaan

Атлантычны акіян

Stille Oceaan

Ціхі акіян

Indische Oceaan

Індыйскі акіян

Zuidelijke Oceaan

Паўднёвы ледавіты акіян

Noordelijke IJszee

Паўночны ледавіты акіян

Noordpool

Паўночны полюс

Zuidpool

Паўднёвы полюс

Antarctica

Антарктыда

aarde

Зямля

land

краіна

zee

мора

eiland

востраў

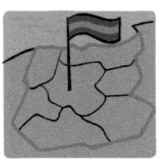

natie

нацыя

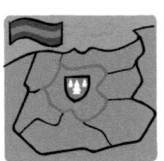

staat

дзяржава

wijzerplaat

цыферблат

uurwijzer

гадзінная стрэлка

minutenwijzer

хвілінная стрэлка

secondewijzer

секундная стрэлка

Hoe laat is het?

Колькі часу?

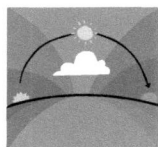

dag

дзень

tijd

час

nu

зараз

digitaal horloge

электронны гадзіннік

minuut

хвіліна

uur

гадзіна

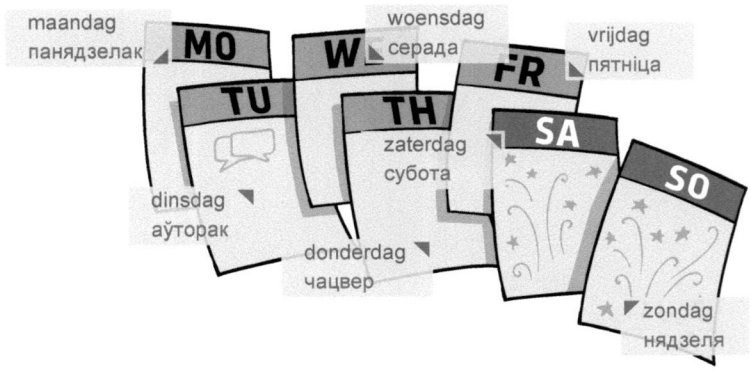

gisteren

ўчора

vandaag

сёння

morgen

заўтра

ochtend

раніца

middag

абед

avond

вечар

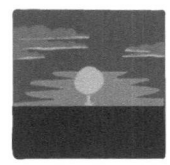

werkdagen

працоўныя дні

weekend

выхадныя

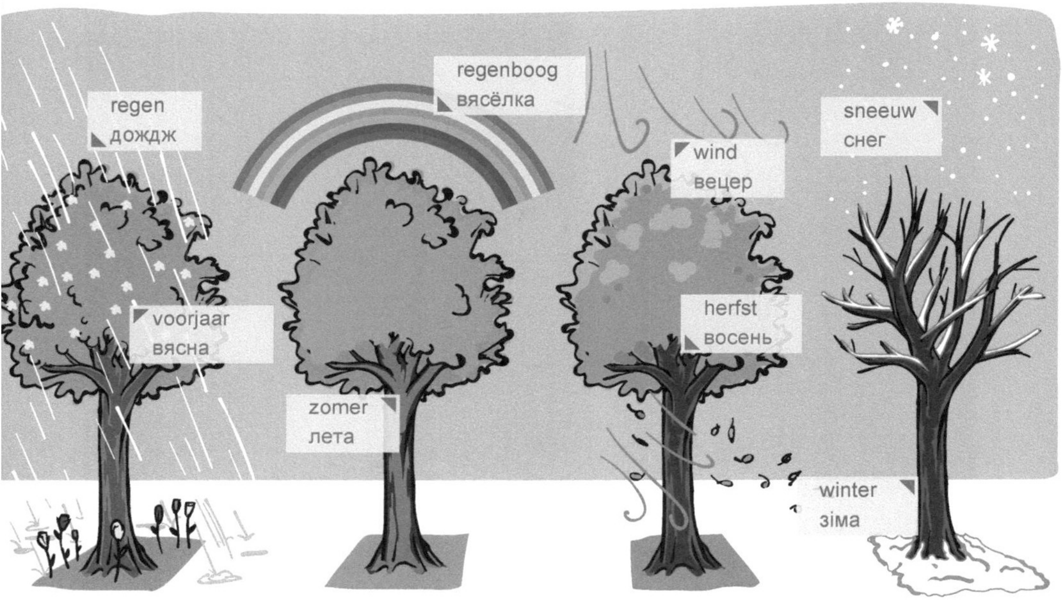

regen
дождж
regenboog
вясёлка
wind
вецер
sneeuw
снег
voorjaar
вясна
zomer
лета
herfst
восень
winter
зіма

4.APRIL 11°
5.APRIL 4°
6.APRIL 13°
7.APRIL 8°
8.APRIL 10°

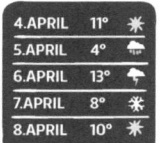

weerbericht

прагноз надвор'я

F
C
120
90
60
30
0
-30
40
30
20
10
0
-10
-20

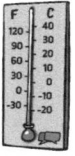

thermometer

градуснік

zonneschijn

сонечнае святло

wolk

воблака

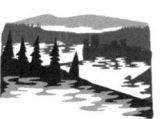

mist

туман

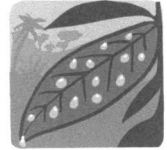

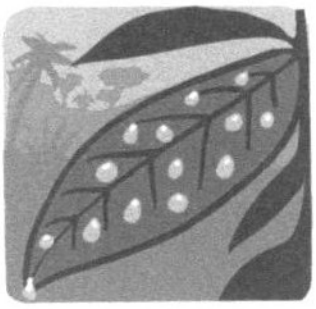

luchtvochtigheid

вільготнасць паветра

bliksem

маланка

donder

гром

storm

бура

hagel

град

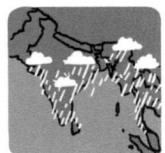

moesson

мусонны вецер

overstroming

прыліў

ijs

лёд

januari

студзень

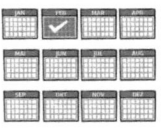

februari

люты

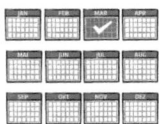

maart

сакавік

april

красавік

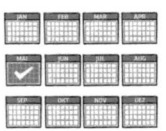

mei

май

juni

чэрвень

juli

ліпень

augustus

жнівень

september
...............
верасень

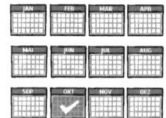

oktober
...............
кастрычнік

november
...............
лістапад

december
...............
снежань

# формы

cirkel
...............
круг

vierkant
...............
квадрат

rechthoek
...............
прамавугольнік

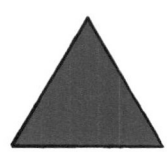

driehoek
...............
трохвугольнік

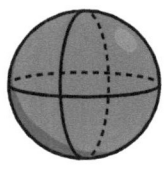

bol
...............
шар

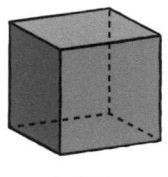

kubus
...............
куб

vormen - формы

83

wit

белы

geel

жоўты

oranje

аранжавы

roze

ружовы

rood

чырвоны

paars

фіялетавы

blauw

сіні

groen

зялёны

bruin

карычневы

grijs

шэры

zwart

чорны

veel / weinig

шмат / мала

boos / rustig

злы / добры

mooi / lelijk

прыгожы / брыдкі

begin / einde

пачатак / канец

groot / klein

высокі / малы

licht / donker

светлы / цёмны

broer / zus

сястра / брат

schoon / vies

чысты / брудны

volledig / onvolledig

поўны / няпоўны

dag/ nacht

дзень / ноч

dood / levend

мёртвы / жывы

breed / smal

шырокі / вузкі

eetbaar / oneetbaar

ядомы / неядомы

gemeen / aardig

злы / добры

opgewonden / verveeld

узбуджаны / нудны

dik / dun

тоўсты / тонкі

eerste / laatste

першы / апошні

vriend / vijand

сябар / вораг

vol / leeg

поўны / пусты

hard / zacht

цвёрды / мяккі

zwaar / licht

важкі / лёгкі

honger / dorst

голад / смага

ziek / gezond

хворы / здаровы

illegaal / legaal

нелегальны / легальны

intelligent / dom

разумны / дурны

links / rechts

левы / правы

dichtbij / ver

побач / далёка

nieuw / gebruikt

новы / былы ва ўжыванні

niets / iets

нічога / нешта

oud / jong

стары / малады

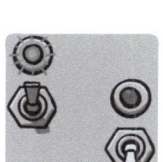

aan / uit

укл / выкл

open / gesloten

адчынены / зачынены

zacht / luid

ціхі / гучны

rijk / arm

багаты / бедны

goed / fout

правільна / няправільна

ruw / glad

шурпаты / гладкі

verdrietig / gelukkig

сумны / шчаслівы

kort / lang

кароткі / доўгі

langzaam / snel

павольны / хуткі

nat / droog

вільготны / сухі

warm / koel

цёплы / халаднаваты

oorlog / vrede

вайна / мір

**0**

nul

нуль

**1**

één

адзін

**2**

twee

два

**3**

drie

тры

**4**

vier

чатыры

**5**

vijf

пяць

**6**

zes

шэсць

**7**

zeven

сем

**8**

acht

восем

**9**

negen

дзевяць

**10**

tien

дзесяць

**11**

elf

адзінаццаць

**12**

twaalf

дванаццаць

**13**

dertien

трынаццаць

**14**

veertien

чатырнаццаць

**15**

vijftien

пятнаццаць

**16**

zestien

шаснаццаць

**17**

zeventien

сямнаццаць

**18**

achttien

васямнаццаць

**19**

negentien

дзевятнаццаць

**20**

twintig

дваццаць

**100**

honderd

сто

**1.000**

duizend

тысяча

**1.000.000**

miljoen

мільён

Engels

англійская

Amerikaans Engels

англійская (Амерыка)

Chinees Mandarijn

кітайская мандарынская

Hindi

хіндзі

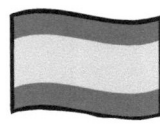

Spaans

іспанская

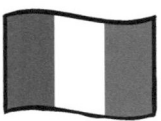

Frans

французская

Arabisch

арабская

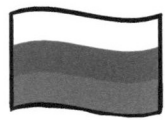

Russisch

руская

Portugees

партугальская

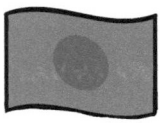

Bengalees

бенгальская

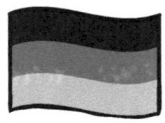

Duits

нямецкая

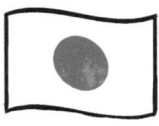

Japans

японская

ik
я

jij
ты

hij / zij / het
ён / яна / яно

wij
мы

jullie
вы

zij
яны

wie?
хто?

wat?
што?

hoe?
як?

waar?
дзе?

wanneer?
калі?

naam
імя

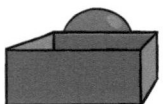

achter

за

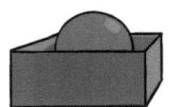

in

у

voor

перад

boven

над

op

на

onder

пад

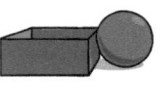

naast

каля

tussen

паміж

plaats

месца